Les Montagnes Rocheuses
Biodiversité de l'Humanité

Alain Joubert

Monument Valley

1

Préface

Les Montagnes Rocheuses forment une gigantesque barrière montagneuse qui s'étire sur près de 5 000 kilomètres, depuis le Nouveau-Mexique aux USA jusqu'en Colombie-Britannique au Canada. Les Rocheuses créent successivement les chaînes de montagne du Wyoming, du Montana et de l'Alberta, en culminant dans le Colorado avec le Mont Elbert à 4 401 mètres d'altitude et en Colombie-Britannique avec le Mont Robson à 3 954 mètres d'altitude. Formé il y a 70 millions d'années pendant le crétacé, ce gigantesque massif montagneux retrace une histoire fascinante, lorsque la région était baignée par la mer puis parcourue par les mammouths. La dérive des plaques terrestres, l'érosion et les éruptions volcaniques, ont modelé de splendides paysages.

Avec des glaciers majestueux et des neiges éternelles sur les pics dépassant les 3000 mètres d'altitude, les Rocheuses du nord dessinent d'admirables paysages rupestres.

Au sud, dans une végétation réduite à des cactus, les Rocheuses du désert découpent des formes fantastiques sur un ciel toujours bleu. Monument Valley avec ses énormes monolithes de grès, laisse découvrir un paysage grandiose et mystérieux.

Agé de 7 millions d'années, le Grand Canyon du Colorado, grâce à une différence d'altitude considérable de 2 740 mètres, superpose 5 zones climatiques. Tous les "jardins du continent" se retrouvent ici. Les orchidées roses du Grand Canyon sont identiques à celle qui fleurissent à 4 000 kilomètres plus au nord, dans la vallée de Matanuska en Alaska.

Les Montagnes Rocheuses américaines se dissocient en de nombreux massifs, aux noms évocateurs comme des fragments de poèmes oubliés. Certaines régions portent le nom de leurs rivières : rivière du saumon, rivière perdue, rivière du vent, rivière de l'ours, rivière du serpent, d'autres évoquent des animaux ou des pierres précieuses : terre du mouflon, du cerf, du castor, du cygne, du saphir, du rubis, du grenat. Ces paysages décrivent aussi les rêves, les désespoirs et les folies des pionniers comme la montagne des flirts, la montagne du mariage raté, la montagne de la femme folle, du bossu, du coléreux.

Les Rocheuses américaines "The Rocky Mountains" traversent une région très peu peuplée 12 habitants au km^2 appelée "Oasis de civilisation" qui regroupe 6 états. Avec un climat rude, des conditions de vie difficile et d'importants sites préservés, les habitants des Montagnes Rocheuses tentent de sauvegarder ce fabuleux héritage si fragile.

Les Montagnes Rocheuses canadiennes concentrent une véritable source de biodiversité et permet la vie à une multitude d'organismes les plus divers. Leurs Parcs couronnés de pics enneigés et sertis de lacs cristalins, de cascades et d'innombrables cours d'eau sont tous inscrits sur la liste du Patrimoine Mondial de l'Unesco.

Rivière Bow - Banff

Parc National de Jasper - Alberta

Monument Valley - Arizona

Monument Valley

Monument Valley – Arizona

Situé à la porte du Mexique et sur les premières avancées des Montagnes Rocheuses, l'Arizona du nom indien "Arizonac", peu d'eau, compte parmi les plus étonnants paysages au monde. Ici le temps semble suspendu.

Avec ses grandes étendues désertiques, l'Arizona est l'état le plus chaud des Etats Unis d'Amérique. Ses couleurs, quand le soleil quitte son zénith, révèlent du meilleur peintre : les grès bruns, les argiles verts ou rouges et les calcaires jaunes, s'unissent en une palette infinie. "C'est là que le premier visage a été peint", disent les indiens : "Painted Desert".

L'Arizona a vécu son épopée du Far West et de grands chefs indiens, comme Cochise ou Geronimo sont devenus célèbres pour leur lutte contre les visages pâles. Mais, rien n'a pu enrayer la marche de la civilisation, et petit à petit la tribu des Apaches s'éteignit. Les Pueblos, Hopis, Navajos, quant à eux, virent leur immense territoire se réduire à quelques réserves. Celle des Navajos, la Navajoland est confinée au nord de l'Arizona dans la célèbre Monument Valley et ses alentours.

Plus de 400 familles vivent aujourd'hui dans la Navajoland. Quelques indiens habitent encore dans des cabanes faites de branchages et recouvertes de terre, à demi enterrées pour se protéger de la chaleur. L'agriculture, très difficile sur ces terres ingrates, l'élevage des moutons et l'artisanat sont leurs principales ressources. Ils sont devenus les maîtres de la création de bijoux en argent incrustés de turquoise et de la fabrication de paniers au tressage si serré, qu'ils sont utilisés pour transporter de l'eau.

Du Visitor Center, la vue est saisissante sur Monument Valley. Des gigantesques monolithes de 335 à 610 mètres de haut se découpent sur le fond du désert. L'érosion a taillé à même le roc des formes impressionnantes et une foule de personnages naît au gré de l'imagination. Les Cinéastes ont bien vite repéré ce cadre exceptionnel pour tourner des films comme: "le désert vivant, Billy the Kid, la chevauchée fantastique, il était une fois dans l'ouest". Sur cet écran panoramique, les cinéphiles revoient leur héros John Wayne escortant la diligence postale...

L'aurore, au pied du Mont Mitchell Mesa, imposant monolithe, est d'une rare beauté : les rayons du soleil tentent d'éveiller la plaine engourdie par le froid de la nuit et les silhouettes de ces gigantesques rochers, "les veilleurs du désert", se dévoilent peu à peu. Un chemin d'excursion partant du Visitor Center serpente et offre différents points de vue sur la vallée. Mais qui ne saurait mieux qu'un peintre, dégrader la palette de toutes ces couleurs, si ce n'est le soleil au crépuscule ?

Avec ses nombreuses plages de sable fin, ses eaux bleues scintillantes et ses paysages de roches rouges, le lac Powell, lac artificiel qui a émergé à la suite de la construction du barrage de Glen Canyon Dam, offre un paysage de toute beauté. Pour avoir un autre point de vue du lac Powell, une balade en bateau s'impose, et permettera de découvrir le majestueux Rainbow Bridge , le plus grand pont naturel au monde. Site remarquable pour les passionnés de photographie, l'immensité chavire dans leur boîte à lumière.

Monument Valley - Navajoland

Cactus géant - Arizona

Lac Powel - Arizona - Utah

Rainbow Bridge National Monument - Lac Powel

Parc National du Gand Canyon - Arizona

Parc National du Gand Canyon - Arizona

Gand Canyon du Colorado

Parc National du Gand Canyon

Classé comme l'une des sept merveilles naturelles du monde, le Grand Canyon, de sa taille vertigineuse défie l'idée même du temps. Dans ce décor grandiose, l'érosion a littéralement déchiqueté le relief. Le fleuve Colorado a mis 4 millions d'années à creuser cette longue faille qu'est le Grand Canyon. Les parois des montagnes découvrent une pigmentation composée de différentes couches sédimentaires. Avec leurs calcaires, grès, argiles, gneiss et granites, elles échelonnent leurs couleurs, allant du vert profond sur les hauteurs, au rouge brun dans le désert. La variation climatique est saisissante. A mesure que s'effectue la descente dans le canyon, la végétation se transforme progressivement. Les sapins, chênes, acajous des plateaux, laissent la place aux cactus et à la steppe.

Quittant Indien Gardens sur la rive sud, un sentier de randonnée à flanc de coteau, rejoint la rivière 1 600 mètres plus bas. Dans son lit tourmenté, bouillonnent les rapides du Colorado.

La chaleur en plein été devient très vite suffocante à mesure que s'effectue la descente dans le canyon. D'insolites panneaux attirent l'attention : "plus d'eau après ce kilomètre, vous descendez à vos propres risques" et plus loin, "faites demi tour si vous n'avez plus d'eau"... Et toi qui te blottissais au creux de mon dos pour mieux te protéger des rayons mordants du soleil, mon enfant, t'en souviens-tu?

Parc National de Grand Teton - Lac Jackson - Wyoming

Grand Teton - Parc National de Grand Teton

Parc National de Grand Teton - Wyoming

Au cœur des Rocheuses, le Wyoming déploie ses majestueuses forêts et ses lacs couleur saphir. Son point culminant, le Gannett Peak, domine à 4 202 mètres d'altitude la barrière rocheuse du Wind River Range.

Dans cette nature toujours en éveil, il n'est pas rare de rencontrer quelques braconniers peu scrupuleux. Aux collets de leurs ancêtres, ils préfèrent une méthode plus excitante et plus expéditive : la chasse de nuit. Les "Pick up" tout terrain remplacent alors les chevaux et dans ces montures d'acier, ils traquent le gibier. Les malheureux cerfs n'ont pas l'ombre d'une chance. Tirés à bout portant, ils s'écroulent d'un bruit sourd, les yeux grands ouverts sur l'immensité de la nuit.

Et pourtant, non loin de là se trouve un monde protégé : le Parc National de Grand Teton. Descendre en rafting la snake rivière au pied de la chaîne de Grand Teton, est un enchantement pour les yeux.

Une multitude d'oiseaux accompagne de leurs ailes le ballet incessant des cygnes et des oies sauvages dansant sur les eaux. L'aurore sur Jackson lac fascine par sa beauté. Instant fugitif où les premiers rayons du soleil habillent d'un voile rose pastel la cime du Mont Moran. Sur les chemins de randonnée qui partent de ce lac, il n'est pas rare de croiser des bisons, des élans et des cerfs. L'élan de l'Amérique du nord est sûrement l'animal le plus original. Il se singularise par une majestueuse couronne de bois, une amusante barbichette entourée de deux lobes poilus et d'un long museau aplati.

Une très belle excursion mène au lac solitude. Inspirant à la méditation, ce petit cirque offre une vue magnifique sur les aiguilles granitiques des trois Tetons : le Grand Teton à 4 197 mètres d'altitude, le Middle Teton à 3 903 mètres, et le South Teton à 3814 mètres.

Elan - Parc National de Grand Teton

Cerfs - Parc National de Grand Teton

Antilopes - Parc National de Yellowstone - Wyoming

Bison - Parc National de Yellowstone

Norris aire - Parc National de Yellowstone

Mammoth Hot Springs en été - Parc National de Yellowstone

Mammoth Hot Springs en hiver - Parc National de Yellowstone

Parc National de Yellowstone - Wyoming

Confiné entre le Montana et le Parc de Grand Teton, Yellowstone avec son immense territoire 8 991 km² (la Corse ayant 8 700 km²) est le plus célèbre et l'un des plus beaux Parcs Nationaux au monde. Yellowstone est un sanctuaire de vie à l'état sauvage avec une incoyable biodiversité.

Ici, les forces de la nature sont constamment en jeu. La terre propulse sa formidable énergie, libérée en d'innombrables geysers, plus de 200 geysers. Le plus réputé, l'Old Faithful Geyser, en jaillissant régulièrement toutes les heures, drape le ciel de son voile de mousseline sur 50 mètres de hauteur.

Dans cet univers volcanique, de nombreux sentiers aménagés s'aventurent à la découverte des bassins de source d'eau chaude et des terrasses de concrétion de Mammoth Hot Springs. Avec son bassin de porcelaine irisé de marron, de jaune et de vert, la magnifique aire cristalline de Norris bouillonne littéralement.

Réfractant toutes les couleurs de l'arc en ciel, le grand bassin prismatique de Midway Geyser, peint les eaux de sa palette : le bleu outremer du centre, rivalise avec l'orangé et le jaune vert de ses canaux. La présence de minéraux dissouts dans ces sources d'eau chaude, permet toute une panoplie de couleurs. L'oxyde de fer crée les nuances rouge marron, la pyrite de fer les tons gris noir, les sulfates les jaunes, et l'oxyde de nickel les colorations vertes.

Les bassins de Yellowstone, de nature capricieuse, changent d'humeur avec le temps. La lumière absorbée par la source, se marie avec la composition de l'eau et la robe du bassin se colore différemment au gré du ciel : une source bordée de sulfure jaune, par beau temps se peint de vert émeraude. La chimie, trop souvent sérieuse, devient alors réellement amusante.

Les antilopes et les daims, effarouchés au moindre danger, sont quelques fois stoppés dans leur course, par le canyon de Yellowstone, une entaille de 40 km de long. Le canyon projette sa rivière tumultueuse d'une chute de 94 mètres de haut dans un vacarme étourdissant.

D'artist Point, la vue est splendide sur le canyon. L'érosion a dentelé une succession d'arêtes tranchantes et d'aiguilles rocheuses qui irradient la vallée de leurs tons chauds : nuances de couleurs, allant du jaune vif au rouge brun en passant par un éventail d'ocres profonds.

De nombreux oiseaux trouvent refuge sur le lac Yellowstone. Les pélicans blancs et les aigrettes, en lissant de leur long bec leurs plumes délicates, ne semblent guère troublés par les plongeons incessants des cormorans, ni par les cris stridents des mouettes. Le lac Yellowstone à 2 357 mètres d'altitude, très poissonneux, est l'un des plus grand lac de montagne du monde. Une sensation de sérénité et de bien-être, invite au repos.

Yellowstone compte dans ses richesses géologiques, une falaise d'obsidienne volcanique, Obsidian Cliff, haute de 75 mètres. Elle révèle aux connaisseurs son important filon d'obsidienne. Et tandis que le géologue du groupe explore son nouveau "tas de cailloux" en disant des mots savants, un écriteau attire les regards : "n'emportez en souvenir que des images, et ne laissez ici que les traces de vos pas". Cet avertissement est une sage précaution, car en drainant 2,5 millions de visiteurs par an, le Parc serait bien vite dépouillé de toutes ses richesses.

Cascade de Yellowstone

Canyon de Yellowstone

Old Faithful Geyser - Yellowstone

Biche - Yellowstone

Serti de pins Lodgepole, de sapins Douglas et de rivières bleues argentées, Yellowstone abrite dans ce jardin d'Eden toute une faune sauvage. Environ 250 grizzlis et 500 ours noirs vivent dans le parc et dans la région du Beartooth. Ne supportant pas la présence humaine, les grizzlis, créatures très dangereuses, ne se laissent jamais approcher et difficilement apercevoir.

L'ours noir, moins sauvage, aime se promener le long des rivières translucides, où glissent de belles truites arc-en-ciel. Grand adepte de pêche, tout comme le grizzli, il manque rarement sa proie. Dès que les bisons s'éloignent, l'ours repère bien vite les poissons filants dans l'onde de ces rivières. Il lance sa patte dans l'eau, telle un harpon, et saisi la truite de ses griffes, puis la projette contre les rochers pour l'assommer. Pour assouvir sa faim, l'ours doit répéter ces gestes des dizaines de fois par jour.

Ours noir - Yellowstone

Bighorn Canyon - Montana

Parc National de Bighorn Canyon - Montana

Loin de toute empreinte industrielle, là, où les glaciers tentent de repousser l'immensité du ciel, s'étend le Montana, appelé Big Sky Country. Cette vaste réserve de nature, avec ses cortèges d'épicéas mêlés de sapins, pins, mélèzes, cèdres et ses canyons découpés, déploie un paysage sans fin, vrai visage de la terre.

Réputé pour son froid qui naît des masses d'air glacé de l'Arctique, la vie est rude pour les cow-boys des ranchs. Ils sont obligés de lutter sans relâche ; contre le froid en hiver, contre la sécheresse en été, contre les coyotes pour leurs troupeaux de moutons, et toujours contre la solitude.

Avec ses Parcs protégés, le Montana trace ses rivières cristallines. En enchantant les animaux sauvages, les pêcheurs et les passionnés de canoë, ces rivières ravivent des pages inoubliées d'histoire. Comme dans un livre d'images, on revoit l'expédition Lewis and Clark, les commerçants de peaux et les trappeurs, leur longue pétoire en bandoulière et coiffés de chapeaux en queue de castor, pagayant dans les eaux calmes du Missouri.

Cette histoire du Montana, aux rebondissements multiples traduit l'odyssée du Far West. Avec ses pépites d'or découvertes dans la Madison rivière, les premiers pionniers du XIXème siècle, déclenchèrent une gigantesque ruée vers l'or. Enfiévrés pour le métal jaune, les chercheurs d'or et les bandits de grand chemin fusèrent à travers le pays. La région de Nevada city fût criblée de coups de pelle et les rivières furent tamisées inlassablement.

Après l'épuisement des filons, la vallée enfin retrouva son calme. Les chercheurs d'or, les poches pleines de pépites ou ruinés, décampèrent aussi vite qu'ils étaient venus, laissant derrière eux des villes mortes. L'hiver, quand le blizzard balaye d'un vent durci par la neige les rues de ces villes fantômes, un profond malaise se répand.

Dans ce pays du grand ciel, vivaient de nombreuses tribus indiennes : Gros Ventres, Nez Percé, Sioux, Cheyennes, Crows et Blakfeet se partageaient les immenses terres. Mais, voyant leur territoire envahi par les visages pâles, les tribus se soulevèrent les unes après les autres et les guerres indiennes commencèrent. A Pyrrhus, les Sioux alliés aux Cheyennes déferlèrent comme un raz de marée sur les hommes du général Custer, qui, noyés sous le nombre furent exterminés jusqu'au dernier. Le prétexte à l'anéantissement de la race indienne fût alors tout trouvé. En 1890, les derniers survivants se dirigèrent dans les réserves, situées dans les terres "de grande soif", comme celle des Crows dans la région Bighorn.

Nevada city - Montana

Bighorn Canyon - Montana

Bighorn vallée

Crow Agency - Bighorn

Crow Agency - Bighorn

Vers la mi-août, le village Crow Agency, avec sa grande fête annuelle, devient le point de ralliement des Crows. Des dizaines de tipis blancs s'élèvent dans la prairie autour des gradins de bois dressés pour les rodéos et les danses folkloriques. Une parade inaugure la fête. Les indiens, habillés de vêtements de daim et coiffés de plumes d'aigle, défilent sur des chevaux blancs. Leurs parures incrustées de pierres, éblouissent au soleil de mille feux colorés. A la tombée de la nuit, le grand chef indien invoque le ciel en priant pour son peuple massacré : "Grand Père, les hommes blancs ont envahi notre territoire, ils se sont emparés de nos terres de chasse et ont tués nos familles, Grand Père pardonne-leur". Les tam-tam alors retentissent et les chants indiens comme des plaintes montent dans la nuit étoilée. Les danses enivrantes au son monotone de la musique, se déroulent jusqu'à l'aube.

Alors que les indiens tuaient le bison juste pour faire vivre la tribu où tout était tiré de la bête (nourriture, vêtements, tipis), l'arrivée de la civilisation blanche au début du siècle, perturba l'équilibre naturel. Des millions de bisons furent massacrés. Décimés par les balles ou précipités du haut des falaises, les bêtes se couchèrent une à une dans les plaines. Des monceaux de carcasses séchés par les vents, s'étendaient à perte de vue. Chassés au début pour leur peau et leur langue, le carnage devint bien vite un jeu excitant. Plaisir de tuer le plus grand nombre de bisons, comme ce Buffalo Bill, curieusement rendu célèbre pour ses sinistres exploits et immortalisé par un musée! De nos jours protégés, les bisons se repeuplent et plusieurs troupeaux vivent paisiblement dans les parcs.

Plus loin dans les plaines, un autre spectacle se prépare. Les affiches annonçant la date du prochain rodéo ont été placardées sur les vitres des saloons. Tout le monde s'agite pour assister à la parade des cow-boys venus des ranchs voisins. Avec leur chapeau de feutre et leur foulard rouge ou bleu noué autour du cou, les cavaliers défilent, bottes et éperons étincelants. Le cortège s'achemine à l'enclos du rodéo, suivi par toute une foule qui se presse sur les estrades de bois. Peu après, les hauts parleurs nasillards de l'arène diffusent l'hymne national du pays. Tous les spectateurs se lèvent, en plaçant leurs chapeaux ou leurs mains sur le cœur en regardant le drapeau étoilé.

Dans un nuage de poussière, la première vachette, poursuivie ventre à terre par un cavalier, se rue dans l'arène. Arrivé à sa hauteur il saute de son cheval, se lance sur la bête, lui saisit les cornes et d'un geste vigoureux la renverse sur le sol. Il lève alors immédiatement ses mains pour stopper la course du chronomètre. L'aiguille arrêtée net sur 8 secondes, le place largement en tête des autres concurrents. Mais le clou du spectacle est le "bronc riding". L'homme doit rester 10 secondes sur un cheval sans selle ni harnachement. L'animal sanglé fortement à l'aine se propulse de terre, s'arc-boutant en de formidables ruades. Pour corser le spectacle, un rodéo plus difficile et plus dangereux est proposé aux amateurs de sensations fortes : le "bull-riding" où une sorte de taureau colossal remplace alors le cheval. Dès que le cow-boy saute sur son échine, l'énorme bête, en ruant et en soufflant de ses naseaux, tourne littéralement sur lui même.

Crow Agency - Bighorn

Gallatin Range - Montana

Gallatin Range - Montana

Loin de tout ce vacarme, par delà les montagnes, coulent des rivières transparentes. Dans les eaux, se faufilent des bancs de poissons argentés. Le Montana est sans nul doute, le paradis des pêcheurs. Les mordus de l'hameçon le savent bien. Dès l'aube, chaussés de cuissardes et l'épuisette à l'épaule, ils lancent leur ligne, telle un serpentin, dans les ondes du courant.

Hélas, un jour l'hiver arrive, poussant de sa blancheur immaculée la nature au sommeil et les poissons au fond des étangs. Mais les pêcheurs ne se découragent pas, ils utilisent simplement une autre tactique : le "ice fishing". A la rivière, ils préfèrent alors les lacs gelés. Tout comme les esquimaux, ils perforent l'épaisse couche de glace, qui atteint facilement un mètre de profondeur, et jettent les lignes dans les trous. Les clochettes suspendues au bout des cannes ne cessent jamais de teinter ; la pêche est très fructueuse. Sur cette étendue de glace, un feu de bois grille quelques truites arc-en-ciel, réchauffant les mains des hommes engourdies.

Parsemés de petits lacs coloriés de ciel, le Beartooth, dent de l'ours, est un lieu de prédilection pour les ours noirs et les grizzlis. La carte de randonnée dans les mains, promet une agréable balade à 3 100 mètres d'altitude à travers les bouquets de lupins bleus et de renoncules jaunes des prairies.

De nombreux sentiers, offrent des vues splendides sur le site et sur les glaciers de Granite Peak, point culminant du Montana à 3 901 mètres d'altitude. Quelquefois au détour de l'un d'eux, un randonneur découvre une empreinte de patte d'ours dessinée sur la terre : aucun doute d'après sa forme, c'est un ours noir. Alors rassuré, en balayant l'horizon d'un regard, le promeneur reprend sa marche. Plus tard quand la fraîcheur du soir humidifie la terre, les couleurs pastels du crépuscule peignent les eaux ridées d'Island lac. Bivouacs levés tôt le matin, les randonneurs continuent leur course plus à l'ouest dans la région de l'Absaroka. Se découpant sur l'azur du ciel, la crête de la Black mountain à 3 335 mètres d'altitude, se réfléchit dans les eaux cristallines de Pine creek lac.

Ville sportive de 36 000 habitants dont la moitié sont universitaires, Bozeman avec sa face montagneuse déploie de profondes vallées. La plus célèbre est le cirque glaciaire de Hyalite Canyon, dominé de son pic à 3 139 mètres d'altitude. Peu connu des touristes, Hyalite est un endroit idéal pour des vacances reposantes.

Sur les bords du lac Emeraude, les rayons du soleil coulent à travers les feuilles des trembles, en dessinant des mosaïques de grappes rouges, vertes et jaunes. Près du bosquet qui frémit sous la brise, s'immobilise une biche flairant une étrange odeur, les oreilles dressées par des bruits suspects... Soudainement affolée, elle bondit d'un saut et disparaît sous les sapins. Débouchant du chemin, deux chasseurs, le fusil à lunette en bandoulière, ont accroché à la selle de leur cheval trois grands cerfs tués récemment. Ils sont fiers de leurs trophées. Une fois les bêtes découpées, la viande ira dans le congélateur, et les bois majestueux orneront les murs des living-rooms. Les chasseurs constituent ainsi, la provision de viande annuelle pour toute leur famille.

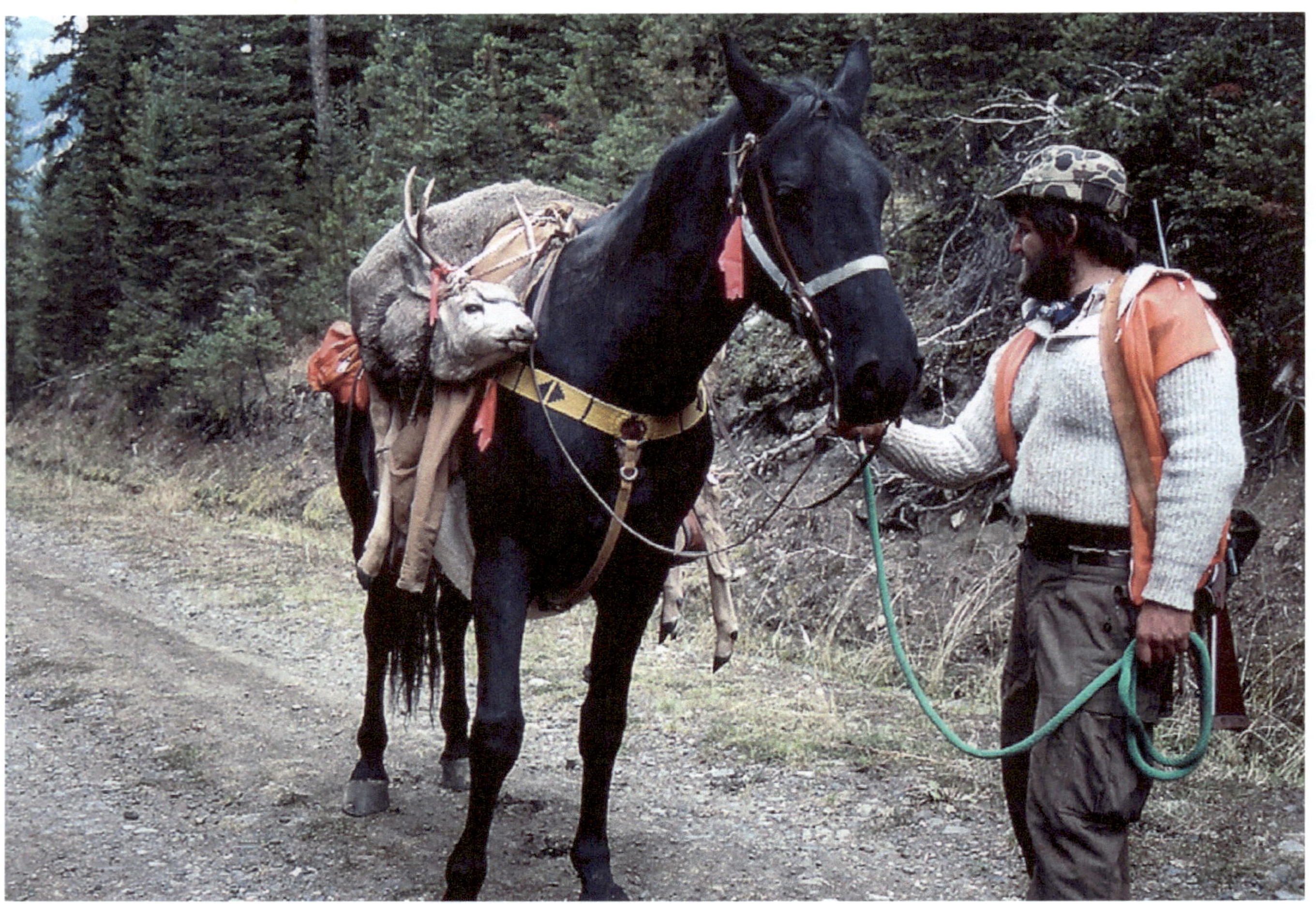

Gallatin National forêt

Crazy Mountains - Montana

Aigle Royal - Crazy Mountains

Dans un décor rupestre, les pics espagnols pointent leurs cimes saupoudrées de neige. Des filaments nuageux s'étirent dans le ciel en contrastant fortement le site pesant des Crazy Mountains.

Non loin du Crazy Peak à 3 418 mètres d'altitude, plane de toute son envergure, un aigle royal. En dessinant de larges cercles dans l'espace, il chasse, épiant le moindre mouvement. De sa vue perçante, il a repéré un pika à collier près du torrent de Timber. Les sifflements de ses congénères et la fuite des écureuils, tentent d'avertir ce jeune imprudent. Trop tard, le rapace en brassant l'air de ses longues ailes, fond déjà sur sa proie, et l'agrippe en plein vol. Ses puissantes serres refermées sur elle, lui transpercent le corps.

Ecureuil canadien

Pika à collier

Lac Emeraude - Montana

Chèvre de montagne - Alberta

Parc National des Glaciers
Montana - Alberta

A la frontière de deux immenses pays, le Parc National des Glaciers unit Canadiens et Américains d'un symbole d'amitié et d'un grand respect pour la nature. Couronné de glaciers majestueux et habillé de sapins Hemlock, bouleaux, cèdres rouges, saules Artiques, le parc du Waterton Glacier dessine des paysages d'une infinie beauté. Le vaste lac sainte Mary estompe dans ses ondes cristallines, les cimes enneigés du Mont Citadell et du Mont Jackson en une peinture romantique.

Serpentant au milieu des fleurs de montagne du Logan Pass, un chemin offre des vues splendides sur ce site privilégié. Asters, gentianes et lys des glaciers parsèment la prairie de taches multicolores. Des "bear grass", fleurs blanches préférées des ours, jonchent les prés de bouquets d'étoiles. Tout près du col, surplombant le lac saphir d'Hidden, le Mont Reynolds s'élève comme une gigantesque pyramide.

Quelques chèvres de montagne en file indienne se promènent dans cet havre de paix. Soudainement, la sérénité de ces lieux est troublée par des bruits de chute de pierres ; jouant d'équilibre sur le flanc de la montagne, des mouflons canadiens sautent de rocher en rocher.

Plus tard, le ciel rougissant accompagne les randonneurs vers les tentes, et des dizaines de petits feux de bois illuminent le terrain de camping du Rising Suri. Les flammes lèchent les bûches de sapin qui craquent dans la nuit étoilée. C'est le moment de détente, on narre la journée vécue, on blague sur l'imprévu, on invente des histoires, comme ce jeune garçon qui demande à son père comment reconnaître un grizzli d'un ours noir : "c'est bien simple" lui répond l'homme, "envoies un coup de pied au derrière de l'ours et grimpe à un arbre. Si l'ours monte derrière toi, c'est un ours noir, si au contraire il déracine l'arbre, c'est un grizzli".

Puis l'aurore apparaît et les premiers rayons du soleil réveillent une nature engourdie par la nuit. Emergeant de leurs terriers, des rats musqués, des blaireaux et des pikas, de la famille des lapins, partent en quête de nourriture. Les écureuils, eux, préfèrent jouer. En ondulant de branche en branche, ils accompagnent de leurs sauts, les cerfs et les daims.

Grizzly - Parc National des Glaciers

Bear Grass -- Parc National des Glaciers

Le lac Sherburne, irisé de vaguelettes, étend ses eaux émeraude le long d'une vallée jonchée de fleurs. Les chemins d'excursion dans le site du Many Glacier, délaissés depuis peu par trois familles de grizzlis, ont été ré-ouvert la semaine passée. Partis tôt ce matin, des randonneurs grimpent sur un sentier tracé à flanc de coteau. Pour faire fuir les ours, ils ont suspendu à leurs sacs à dos des clochettes qui tintent au moindre mouvement.

Lac Sainte Marie - Alberta

Lac Joséphine - Parc National des Glaciers - Alberta

Le lac azur Joséphine est un endroit idéal pour faire une halte et sortir le casse croûte. Nichant à l'ombre d'un rocher, une ptarmigan, perdrix de neige, couve ses oeufs de sa boule duveteuse. Un sentiment de bien être se répand.

Les parois abruptes du Mont Could contrastent sur le lac opalin Grinnell. Filtrant l'épaisse couche glaciaire, les eaux pures du glacier ruissellent sur un lac semi souterrain. De nombreux petits icebergs flottent dans les ondes turquoise. Une file de randonneurs, leurs crampons fixés aux chaussures, marchent sur la glace à la recherche de la fameuse crevasse : une faile dégradée de cyan qui entaille le glacier de toute sa profondeur.

Déjà le soleil décroît de son zénith et accentue les reliefs. Alors, sans plus tarder, les derniers marcheurs reprennent le chemin du retour. Située sur les bords du lac saphir Upper Waterton, la petite ville de Townsite attire les vacanciers de toutes nationalités. Un éventail de loisirs est proposé aux estivants : tennis, piscine, équitation, bateau, shopping. Retrouver l'agitation touristique est un peu décevant pour les passionnés de randonnée, qui recherche dans ces montagnes une approche plus intime avec la nature. La partie canadienne du Parc est cependant splendide. De nombreux torrents se faufilent à travers les profondes forêts de résineux, et jaillissent en d'étonnantes cascades.

Abrité du vent par une barrière rocheuse, le lac Cameron réfléchit tel un miroir, le glacier immaculé du Mont Custer. Bientôt les ondes créées par les glissements silencieux des canoës rident la surface de l'eau. Les premiers pêcheurs pagayent au milieu du lac poissonneux, puis lancent leur ligne dans des sifflements secs. La chance aidant, les truites argentées grilleront ce soir sur les braises du feu. Du lac, part un chemin balisé qui serpente sur le col d'Alderson. Le point de vue est splendide. Sur la ligne de partage des eaux, des puissantes montagnes entourent les lacs glaciaires de Gllurderman et de Nooney.

Venant du Grand Nord, les loups viennent roder dans ces bois d'épicéas à l'affût du moindre gibier. Les coqs de sapin, qui abondent dans le Waterton, sont leurs proies préférées.

Parc National Banff - Alberta

Parcs Nationaux de Banff - Yoho - Jasper
Alberta - Colombie-Britannique

Les Rocheuses canadiennes aux paysages grandioses et incomparables sont confinées entre la Colombie-Britannique et l'Alberta. Avec leurs glaciers ancestraux, leurs rivières turquoise, leurs montagnes acérées et leurs cascades étincellantes, elles possèdent cinq Parcs nationaux dont Jasper, Banff et Yoho, tous inscrits au Patrimoine Mondial de l'Unesco. Une route classée comme la plus belle route panoramique du monde, et appelée la Promenade des Glaciers, relie Jasper au lac Louise.

Tout près de Banff, célèbre ville de villégiature, l'ascension au Mont Sulphur à 2285 mètres d'altitude, à pied ou en funiculaire, est incontournable. La vue panoramique sur des massifs acérés se découpant sur l'horizon est spectaculaire.

Situé dans le Parc National Banff, le lac Louise, long de plus de 2 kilomètres a été nommé en l'honneur de l'une des filles de la reine Victoria. Le lac, surnommé "Joyau du Canada" semble l'oeuvre d'un artiste. Il est inscrit au Patrimoine Mondial de l'Unesco. Ses eaux limpides d'un incroyable bleu cyan, sont alimentées par le glacier Peyto. Le lac Peyto, souvent considéré comme un des plus beaux lacs du Canada, aime se parer au soleil de ses eaux turquoise éclatantes.

Les lacs des Montagnes Rocheuses canadiennes nichés au pieds des glaciers sont tous d'une extrême beauté. Des sentiers de randonnées permettent de belles ballades autour de ces lacs de montagne. Les baignades y sont presque toujours interdites, mais les visteurs peuvent louer des canoës et pagayer sur leurs eaux cristallines et paisibles. Des dizaines de milliers de personnes se pressent dans ces lieux paradisiaques et mieux vaut éviter la saison touristique pour les découvrir tranquillement.

Le lac Moraine aux eaux turquoise, situé à près de 1 885 mètres d'altitude dans la vallée des monts des dix pics, est entouré de pins et de sommets asymétriques. Sa couleur surréaliste et saturée, résulte de la réfraction de la lumière provenant de minuscules particules de roche glaciaire.

Au cœur du Parc National de Yoho en Colombie-Britannique, le lac Emeraude mérite bien son nom. Serti des monts enneigés de Wapta et de Burgess, il resplendit de majestée dans un cadre enchanteur.

De très nombreuses cascades découpent les reliefs de ce paysages grandiose. Les fameuses chutes Takakkaw, les plus hautes du Canada, entaillent la falaise sur une hauteur de 384 mètres d'une blancheur éclatante.

Lac Moraine - Parc National Banff - Alberta

Lac Peyto - Parc National Banff - Alberta

Lac Louise - Parc National Banff - Alberta

Lac Emeraude - Parc National Yoho - Colombie-Britannique

Lac Emeraude - Parc National Yoho

Parc Provincial Wells Gray - Colombie-Britannique

Cascade Helmcken - Parc Provincial Wells Gray

Cascade rivière Murtle - Parc Provincial Wells Gray

Cascade rivière Murtle - Parc Provincial Wells Gray

Kicking Horse rivière - Parc National Yoho - Colombie-Britannique

Parc Provincial Wells Gray - Pont naturel

Chutes Takakkaw - Parc National Yoho

Le Parc National Yoho possède des parois rocheuses imposantes, des cascades spectaculaires et près d'une trentaine de sommets de plus de 3 000 mètres d'altitude. Le Parc mérite bien son nom "Yoho" qui est une expression d'admiration et d'émerveillement. Au coeur du Parc, le site fossilifère de Burgess, classé au Patrimoine Mondial de l'Unesco, dévoile des trésors exceptionnels. Ses schistes argileux renferment des gisements extraordinairement bien conservés, datant d'environ 500 millions d'années. En contrebas de la montagne, bouillonne la rivière Amiskwi qui érode de ses eaux tumultueuses un pont naturel remarquable.

Symbole du Parc Provincial Wells Gray, la cascade Helmcken, haute de 141 mètres, chute dans la rivière Murtle dans un bruit assourdissant. Le site exceptionnel des chutes a été l'une des raisons de la création du Parc Provincial.

Les lacs glaciaires sont alimentés par la fonte des glaciers. L'un deux, le glacier Athabasca fond de plus de cinq mètres chaque année et pourrait disparaître complètement d'ici une génération. C'est le plus grand des six glaciers qui forment une partie du champ de glace Columbia dans le Parc national de Jasper. Gisant sur un large plateau élevé, il forme le plus grand champ de glace des Rocheuses canadiennes. Près des trois quarts des plus hauts sommets du Parc se trouvent près de ce champ de glace.

Avec des pics accidentés, des champs de glace et des cirques glaciaires, des prairies alpines, des lacs, des chutes d'eau, des systèmes complexes de grottes calcaires et des canyons encaissés, les Parcs des Montagnes Rocheuses canadiennes sont d'une beauté naturelle exceptionnelle et à juste titre ils sont reconnus de par le monde pour la splendeur de leurs paysages et pour leur biodiversité.

Mont et Glacier Athabasca - Parc National de Jasper

Chaînon Vermilion - Parc National Banff - Alberta

Photographies : Alain Joubert

Table des illustations

Appareil photo utilisé : Nikon argentique FE et Nikon numérique D5300